民用航空运输不定期飞行管理暂行规定

中国法治出版社

目　　录

中华人民共和国国务院令（第797号）············（1）

国务院关于修改和废止部分行政法规的决定

　（节录）··（2）

民用航空运输不定期飞行管理暂行规定············（4）

中华人民共和国国务院令

第 797 号

《国务院关于修改和废止部分行政法规的决定》已经 2024 年 11 月 22 日国务院第 46 次常务会议通过，现予公布，自 2025 年 1 月 20 日起施行。

总理　李强

2024 年 12 月 6 日

国务院关于修改和废止部分行政法规的决定（节录）

为全面贯彻党的二十大和二十届二中、三中全会精神，落实党和国家机构改革精神，推进严格规范公正文明执法，优化法治化营商环境，保障高水平对外开放，国务院对涉及的行政法规进行了清理。经过清理，国务院决定：

一、对21部行政法规的部分条款予以修改。（附件1）

二、对4部行政法规予以废止。（附件2）

本决定自2025年1月20日起施行。

附件：1. 国务院决定修改的行政法规
　　　2. 国务院决定废止的行政法规

附件 1

国务院决定修改的行政法规

……

五、将《民用航空运输不定期飞行管理暂行规定》第四条至第六条、第十二条、第十六条中的"中国民用航空局"修改为"国务院民用航空主管部门"。

删去第十条、第十七条。

第十一条改为第十条,修改为:"不定期民用航空运输价格实行市场调节价,由航空运输企业自主制定。"

……

此外,对相关行政法规中的条文序号作相应调整。

……

民用航空运输不定期飞行管理暂行规定

（1989年3月2日中华人民共和国国务院令第29号发布 根据2024年12月6日《国务院关于修改和废止部分行政法规的决定》修订）

第一条 为了维护国家航空权益，保证航空运输安全，促进民用航空运输的发展，制定本规定。

第二条 本规定适用于在中华人民共和国领域内以及中华人民共和国和外国之间，从事运送旅客、行李、货物和邮件的中国和外国民用航空器的不定期飞行。

第三条 本规定所称不定期飞行，是指不属于定期航班的民用航空运输飞行。

第四条 从事不定期飞行，必须向国务院民用航空主管部门申请，经批准后方可飞行。申请和批准程序由国务院民用航空主管部门制定。

第五条 从事不定期飞行，必须遵守国务院民用航空主管部门制定的运输规则，并不得影响定期航班的正常经营。

第六条 从事不定期飞行的空勤人员和航空器，必须符合国务院民用航空主管部门规定的条件或技术标准，具备机组人员执照、航空器登记证、航空器适航证和按照有关规定应当携带的其他证件和文件。

第七条 外国民用航空运输企业经营飞入或飞出中华人民共和国领域运输业务的不定期飞行，按照中华人民共和国政府和该外国政府签订的航空运输协定中有关规定办理。

第八条 外国民用航空运输企业不得经营中华人民共和国领域内任何两点之间不定期飞行的运输业务。

第九条 对外国民用航空运输企业经营取酬运输业务的不定期飞行，中国方面有权收取航空业务权补偿费。

第十条 不定期民用航空运输价格实行市场调节价，由航空运输企业自主制定。

第十一条 除经国务院民用航空主管部门特准者外，从事非取酬的不定期飞行的外国航空器，只能飞抵中华人民共和国领域内的一个指定地点，并不得载运非该航空器的原载人员或者原载货物飞出中华人民共和国领域，也不得将原载人员或者原载货物留在中华人民共和国领域内。

第十二条 从事国际运输的不定期飞行的航空器，必须按照中华人民共和国有关规定办理边防、海关、卫生检疫和安全检查等项手续，并按规定缴付费用。

第十三条 从事不定期飞行的外国航空器及其机组成员和所载旅客、行李、货物和邮件进出中华人民共和国领域和在中华人民共和国领域内，必须遵守中华人民共和国有关法律、法规和规章，并按规定缴付各项费用。

第十四条 从事不定期飞行的外国航空器的经营人，必须投保该航空器在中华人民共和国领域内飞行时对地面第三者造成损害的责任险；如果从事运送旅客、行李、货物和邮件的不定期飞行，还必须投保法定责任险。

第十五条　对违反本规定的单位或者个人，国务院民用航空主管部门有权给予警告、罚款、勒令中止飞行或者吊销有关证件的处罚；构成犯罪的，由司法机关依法追究刑事责任。

第十六条　本规定自发布之日起施行。

民用航空运输不定期飞行管理暂行规定
MINYONG HANGKONG YUNSHU BUDINGQI FEIXING GUANLI ZANXING GUIDING

经销/新华书店
印刷/保定市中画美凯印刷有限公司
开本/850 毫米×1168 毫米　32 开　　　　　　印张/0.375　字数/3 千
版次/2025 年 1 月第 1 版　　　　　　　　　　2025 年 1 月第 1 次印刷

中国法治出版社出版
书号 ISBN 978-7-5216-5005-1　　　　　　　　定价：5.00 元

北京市西城区西便门西里甲 16 号西便门办公区
邮政编码：100053　　　　　　　　　　　　　传真：010-63141600
网址：http：//www.zgfzs.com　　　　　　编辑部电话：010-63141673
市场营销部电话：010-63141612　　　　　　印务部电话：010-63141606

(如有印装质量问题，请与本社印务部联系。)